NOTICE

BIOGRAPHIQUE

sur

M. L'ABBÉ MÉRAULT,

Ci-devant de l'Oratoire,

DOCTEUR EN THÉOLOGIE, VICAIRE GÉNÉRAL D'ORLÉANS, ET ANCIEN SUPÉRIEUR
DU SÉMINAIRE DE LA MÊME VILLE.

Par Jules Lauole.

A Paris,

CHEZ DERIVAUX, LIBRAIRE,

RUE DES GRANDS-AUGUSTINS, N. 18;

ET A ORLÉANS, CHEZ TOUS LES LIBRAIRES.

1835.

NOTICE

BIOGRAPHIQUE

SUR

M. L'ABBÉ MÉRAULT,

CI-DEVANT DE L'ORATOIRE,

DOCTEUR EN THÉOLOGIE, VICAIRE GÉNÉRAL D'ORLÉANS, ET ANCIEN SUPÉRIEUR
DU SÉMINAIRE DE LA MÊME VILLE.

Par Jules Zanole.

A Paris,

CHEZ DERIVAUX, LIBRAIRE,

RUE DES GRANDS-AUGUSTINS, N. 18;

ET A ORLÉANS, CHEZ TOUS LES LIBRAIRES.

1835.

NOTICE
BIOGRAPHIQUE

sur

M. L'ABBÉ MÉRAULT.

Il existe à Orléans, près de la cathédrale de Sainte-Croix, une petite maison qui a été habitée par l'illustre Pothier. Une inscription, gravée en lettres d'or sur une table de marbre, placée au dessus de la porte, annonce que ce fut là le modeste séjour de ce vertueux magistrat.

Asile du savoir et de la bienfaisance, cette demeure vénérée était alors le rendez-vous des hommes studieux et des indigens, et plus d'une fois, les uns et les autres en ont franchi ensemble le seuil, les premiers pour y puiser de nouvelles lumières qu'ils étaient avides d'acquérir, les seconds pour demander des consolations et des secours qu'ils avaient la certitude d'y trouver.

Eh bien! cette maison, qui avait été témoin de tant d'actes de vertu, était encore, il y a quelques jours, ce qu'elle fut du temps de Pothier. Il semblait qu'elle n'eût point changé de maître.

Un vieillard, à la figure vénérable, occupait alors ce même cabinet, où le célèbre jurisconsulte, a composé ses immortels traités. Assis devant un modeste bureau, sans ornemens, que couvraient de nombreux papiers, il se livrait avec ardeur à l'étude, qu'il regardait comme un besoin et souvent même comme un délassement. Tantôt, il paraissait prêter une oreille attentive à quelque lecture pieuse qu'il se faisait faire ; tantôt, il dictait quelques pages d'un ouvrage nouveau, que son zèle infatigable préparait pour la défense de la religion. Ses traits portaient l'empreinte de cette bonté expansive qui régnait dans le fond de son âme, et, malgré son grand âge, ses yeux, animés du feu de la composition, avaient encore cette vivacité dont ils brillaient dans la jeunesse.

On voyait, comme autrefois, se succéder dans ce sanctuaire consacré, depuis tant d'années, au travail, de nombreux visiteurs qu'il accueillait avec une égale indulgence. Les uns s'adressant à la longue expérience du vieillard, à son jugement sain et droit, venaient lui demander des conseils qu'il se plaisait à leur accorder. Les autres, recourant à l'inépuisable bienfaisance de ce nouveau Booz, allaient réclamer de lui un appui que son âme généreuse n'avait jamais su refuser à personne.

Cet homme vertueux, ce sage, digne successeur d'un autre sage, que la mort vient d'enlever à notre cité, c'était l'abbé Mérault.

Une vie tout entière consacrée à la charité, une vie toute pleine de bonnes œuvres, inspirées par un sentiment de piété solide et vraie, et par l'amour du bien public, doit faire admettre, au rang des bienfaiteurs de l'humanité, ce respectable ecclésiastique. Comme fondateur d'une école d'enseignement, créée dans un but tout à la fois religieux et philantropique en faveur des classes peu aisées de la société, d'une école à laquelle il a, pendant vingt ans, prodigué ses soins et ses talens, et qu'il a soutenue aux dépens de sa fortune personnelle, il a encore de nouveaux droits à la reconnaissance publique ; et c'est sous le double titre d'homme utile et de bienfaiteur de l'humanité, que son nom doit être transmis à l'histoire.

M. Mérault (Athanase-René), est né à Paris en 1744, d'une famille estimée dans la robe.

Entré, à l'âge de sept ans, au collége de Juilly, il s'y fit remarquer par son zèle et son application au travail, et par son extrême facilité. Doué d'une grande intelligence et d'une volonté ferme et persévérante, il fit, en peu de temps, de rapides progrès ; et des succès nombreux, obtenus chaque année, devinrent la récompense de ses louables efforts.

A seize ans, il quitta le collége où il avait été élevé, emportant avec lui les regrets de tous ses camarades qu'il avait su s'attacher par la gaité de son esprit et la douceur inaltérable de son caractère, et honoré de l'estime de ses maîtres, qui avaient été, pendant ce temps, à portée d'apprécier ses heureuses dispositions et les nobles qualités de son cœur.

Il venait alors de terminer ses études, et touchait à cette époque de la vie où il s'agit de choisir un état ; époque critique pour un jeune homme, dont les goûts sont rarement assez bien arrêtés pour qu'il n'ait pas à se repentir quelquefois dans la suite du parti qu'il a cru devoir prendre.

Entraîné par une vocation trop forte pour n'être qu'une illusion du moment, le jeune et sage élève de Juilly n'hésita point dans le choix qu'il devait faire.

Possédant une fortune assez considérable pour pouvoir se procurer toutes les jouissances qu'on rencontre dans le monde, et placé dans une position sociale qui lui offrait ces plaisirs bruyans dont la jeunesse est ordinairement si avide, il préféra, à cette vie tumultueuse, une existence paisible, et se voua à l'état ecclésiastique. Son âme s'était ouverte de bonne heure à la piété, et l'instruction qu'il avait acquise, développant en lui le germe des principes qui l'attachaient à la religion, avait ajouté une nouvelle force au penchant qui le portait à suivre cette carrière.

Mais en renonçant aux vanités du monde, pour se consacrer au culte des autels, il s'était dit qu'il pourrait être utile à la société, non seulement en remplissant avec exactitude les devoirs de son saint ministère, mais encore en se dévouant à l'instruction de la jeunesse, en la formant par ses sages enseignemens à la pratique de la vertu ; et, pour arriver à ce noble but, il entra à l'Oratoire.

Là, comme au collége, il attira tous les yeux sur lui par l'ardeur avec laquelle il se livrait à l'étude, par son vaste savoir, que son excessive modestie semblait craindre de laisser paraître, par sa piété pleine de tolérance, et par son excellent cœur. Comme au collége, tout le monde l'aima, et ses supérieurs, fiers de posséder un sujet qui réunissait en lui tant de qualités précieuses, lui procurèrent un rapide avancement. Quelques années après, malgré son extrême jeunesse, il occupait une chaire de théologie au collége de Montmorency.

Il existait, à cette époque, à Paris, une maison qui dépendait de l'Oratoire, et qu'on appelait l'Institut. C'était une maison de haut enseignement, dans laquelle les jeunes gens qui venaient d'être attachés à cette religieuse et savante corporation, entraient pour compléter leurs études. Ils y faisaient une sorte de noviciat, pendant lequel ils s'exerçaient à enseigner, et ils en sortaient ensuite pour aller occuper des chaires de professeurs dans les colléges.

La place de supérieur vint à vaquer à l'Institut : il fallut songer à remplir ce vide. Cette place demandait un homme qui possédât des connaissances assez vastes pour pouvoir l'emporter en savoir sur tous les jeunes gens instruits confiés à ses soins, un homme dont le caractère fût assez honorable pour commander le respect, et dont l'esprit aussi juste que ferme pût les diriger.

Ce fut sur notre jeune oratorien que le choix tomba. Quoiqu'il n'eût pas encore atteint vingt-cinq ans, il fut préféré comme le plus digne. Il avait déjà fait preuve de sa haute capacité, et sa raison était une garantie suffisante de la conduite qu'il allait tenir. On connaissait assez, d'ailleurs, sa sagesse pour penser qu'elle suppléerait aisément à l'expérience que donne l'âge.

Il se montra bientôt dans ce poste difficile, tel qu'on l'avait jugé, et réalisa toutes les espérances que l'on avait conçues de lui, et, à partir de ce moment, son penchant à la bienfaisance s'annonça, comme devant être une des vertus qui exercerait le plus d'empire sur son âme. Un grand nombre de ses élèves en éprouva les heureux effets. Il savait deviner tous leurs besoins, et s'empressait d'y pourvoir avec un zèle qui ne pouvait être égalé que par la délicatesse qu'il mettait dans l'offre de ses dons.

Heureux de son sort, il ne formait plus qu'un seul vœu, celui de rester toute sa vie à la tête de cette maison respectable, où il trouvait à faire un si noble usage de sa fortune et de ses talens ; mais ce vœu ne devait pas être exaucé !

Tout-à-coup l'horizon politique se couvrit de nuages. L'orage révolutionnaire éclata sur la France, et le torrent de la démocratie s'échappant de son lit, où il avait été si long-temps retenu captif, renversa sur son passage les vieilles institutions que tant de siècles avaient respectées, et couvrit le sol de ses eaux dévastatrices. Elles entraînèrent dans leur course rapide les débris des autels, et les marches du trône, et le clergé chassé des temples, dépouillé de ses biens, menacé dans son existence, pleura sur les ruines de Babylone, et se condamnant à l'exil, alla chercher, sous un autre ciel, un abri pour reposer sa tête.

Il ne restait plus rien de l'Institut que son nom illustré par cette foule de savans ecclésiastiques qui en étaient sortis. Forcé de céder à la loi de la nécessité, M. Mérault quitta Paris, comme tous les autres membres du clergé; mais au lieu de s'expatrier il vint à Orléans, où il avait des parens du côté de sa mère, chercher un refuge dans sa famille.

La persécution le suivit dans ce dernier asile. Il avait trop de vertus pour échapper à la haine révolutionnaire; et comme prêtre, il était, aux yeux des patriotes de 93, coupable d'un trop grand crime pour qu'on pût lui laisser sa liberté!... Il fut arrêté et enfermé dans la maison de la Croix, qui venait d'être transformée en prison politique.

A la mort du sombre tyran qui avait régné si long-temps sur la France par la terreur, et dont les proscriptions sanglantes avaient fait tomber les têtes de tant d'hommes de bien, les portes des prisons s'ouvrirent, et M. Mérault sortit de la Croix, après une année de captivité.

Rien ne l'appelait plus à Paris, et il résolut de fixer à Orléans son domicile. Livré à ses habitudes de travail, et vivant modestement dans une humble et paisible demeure, on ne dût pas remarquer que la ville comptait un habitant de plus; car cet habitant, recherchant l'obscurité, voulait rester ignoré comme le sage. Mais les pauvres s'aperçurent bien vite qu'ils avaient un nouveau bienfaiteur, et les dons qu'ils reçurent de cet homme généreux et sensible, les aidèrent à supporter, avec plus de courage, la misère et les souffrances inséparables de la vie.

Quelques années après, en traversant une des places de la ville, il vit un jour passer, près de lui, un homme que quatre soldats conduisaient en prison. Cet homme, que le hasard amenait ainsi sur son chemin, avait été geôlier de la Croix dans le temps que le vertueux proscrit y subissait avec résignation et courage une honorable détention. A peine eut-il reconnu ces traits vénérables, trop profondément gravés dans sa mémoire pour qu'ils dussent être sitôt oubliés, qu'il s'échappa des mains des soldats, et alla tomber aux pieds de M. MÉRAULT, en implorant sa protection.

Cet homme était-il, à son tour, victime d'un pouvoir arbitraire? Et voulait-on lui faire expier le rôle odieux qu'il avait joué sous le règne de la terreur? Non; c'était un coupable sur le sort duquel la justice allait être appelée à prononcer, un être dégradé que son âme cupide avait entraîné au crime. Il avait volé une somme de dix-sept cents francs dans la caisse du bureau de bienfaisance.

N'importe; aux yeux du respectable pasteur, c'est une brebis égarée qui peut un jour rentrer au bercail, c'est une créature qui souffre, et qu'un arrêt juste, mais sévère, va condamner pour toujours à l'infamie! Il faut lui accorder la protection qu'il réclame.

On était alors au Mardi-Gras. Le peuple se livrait avec ardeur à sa bruyante gaîté, et les salons du riche allaient bientôt reproduire, quoique avec plus de décence et de retenue, les scènes de folie du matin. Le généreux prêtre voulut également avoir son jour de fête. Lui aussi était avide de jouissances, non de ces jouissances que réprouvait la religion; mais des jouissances du cœur qui font tant de bien à celui qui sait les apprécier.

Il rentre aussitôt chez lui pour accomplir le noble dessein qu'il vient de méditer. « Tandis que vous vous disposez à » vous livrer aux plaisirs d'un bal, écrit-il au maire de la » ville, je me prépare un bonheur qui sera plus grand que » le vôtre. Je cautionne Lavielle pour la somme de dix-sept » cents francs, qu'il doit au bureau de bienfaisance. »

A peine cette lettre est parvenue à sa destination que les membres du bureau s'assemblent. L'élan est donné, et l'exemple du vénérable ecclésiastique a réveillé dans tous les cœurs la bienveillance. Chacun veut s'associer à sa bonne œuvre. On fait une collecte en faveur du prisonnier, et cette collecte atteint en un instant le chiffre de treize cents francs. La caution de M. Mérault est acceptée pour le reste, et Lavielle recouvre la liberté.

Cet homme qui venait d'échapper d'une manière si singulière au châtiment que lui réservait la justice, ne daigna pas même remercier son bienfaiteur; mais M. Mérault avait déjà rendu trop de services à l'humanité pour ne pas avoir appris par sa propre expérience que l'ingratitude est presque toujours le salaire que les hommes réservent à ceux qui les ont comblés de leurs bienfaits.

Enfin, Bonaparte relevant les autels brisés par l'anarchie, rappela le clergé, lui rendit ses temples, et l'entoura d'un éclat qu'il regardait comme nécessaire à la splendeur de son trône. Tous les ecclésiastiques virent avec joie ce retour à des institutions dont ils avaient déploré la perte avec amertume, et ils s'empressèrent de reprendre leurs saintes fonctions, si long-temps interrompues.

Il manquait encore quelque chose au bonheur de M. l'abbé Mérault. Sa piété pouvait maintenant se montrer à découvert, et sa bienveillance allait trouver de nouvelles occasions de s'exercer : c'était déjà beaucoup pour une âme que remplissaient l'amour de Dieu et l'amour de l'humanité; mais ce n'était point assez pour le philantrope qui avait eu pour but, en faisant choix d'une carrière, de se rendre utile autant qu'il le pourrait à la jeunesse, et avait consacré tous ses instans à répandre sur elle les bienfaits d'une instruction solide et profonde. Il regrettait le temps où simple membre de la congrégation des Oratoriens, il se livrait à l'enseignement et transmettait à ses élèves, dans des leçons pleines de charmes pour eux, le savoir qu'il avait acquis par un travail opiniâtre.

M. Bernier, évêque d'Orléans, homme de beaucoup de mérite, et le premier qui eût été appelé à l'évêché de cette ville depuis le rétablissement des cultes, pressentit les services que pourrait rendre un homme tel que M. Mérault, soit comme chef du corps ecclésiastique, soit à la tête d'une maison d'enseignement, et pour lui donner une preuve de l'estime qu'il faisait de ses talens et de ses vertus, il le fit nommer, en 1805, grand-vicaire de son église et supérieur du séminaire que le gouvernement l'autorisait à fonder. Regardant ce projet comme susceptible de produire un grand bien, il l'avait accueilli avec faveur, en avait sollicité la réalisation auprès du chef de l'empire, et avait cru ne pouvoir mieux faire que d'en confier l'exécution à l'homme sage qui avait laissé de si honorables souvenirs à l'Institut.

En donnant l'autorisation d'ouvrir un séminaire, le gouvernement avait accordé quelques fonds pour subvenir aux frais de l'établissement, mais la subvention était bien modique en raison des dépenses que cet établissement allait nécessiter. N'importe, rien ne peut effrayer le zèle du vertueux supérieur. Heureux de retrouver une position qui avait été le rêve de toute sa vie, et plein d'activité dès qu'il s'agissait de faire quelque chose d'utile, il accepte la tâche qui vient de lui être imposée, avec une confiance qui annonce l'excellence de son cœur, et se dévoue tout entier à ses pénibles fonctions, parce qu'il a l'espoir de rendre de nouveaux services.

Dès ce moment M. Mérault ne connut plus de repos. Une idée dominante le poursuivait sans cesse. Fonder le séminaire, dont l'organisation avait été confiée à ses soins, était devenu pour lui un besoin impérieux. C'était son unique ambition : ambition dévorante comme celle du conquérant : mais plus noble et plus pure, puisqu'elle avait pour but une fondation utile.

Le voyez-vous pénétrer dans les maisons des riches ? C'est un solliciteur qui vient faire un appel à leur générosité en faveur de son séminaire. Ecoutez, comme il leur parle avec chaleur des avantages que la société doit retirer de cet établissement ? Son éloquence douce et persuasive a ébranlé leurs cœurs. Toutes les bourses se dénouent, et les dons viennent en abondance grossir la subvention du gouvernement.

Suivez-le dans le temple, et vous le verrez ennoblissant la quête par la grandeur du motif, s'adresser indistinctement à tous les fidèles, et recevoir jusqu'au denier du pauvre, qui veut bien contribuer au soutien de son séminaire. Vous l'entendrez, se chargeant tout seul du poids de la reconnaissance, remercier avec ferveur tous ceux qui l'ont gratifié de leurs dons, comme si c'était lui qui dût en recueillir les fruits.

En peu de temps, ce séminaire, que son zèle persévérant était parvenu à organiser, prit un accroissement considérable. On y compta jusqu'à deux cent cinquante élèves.

Dans ce nombre, cent cinquante au moins y recevaient gratuitement l'instruction. Fidèle à ses principes de bienfaisance, et ayant toujours eu en vue l'intérêt des classes peu aisées de la société, M. Mérault admettait, avec la plus grande facilité, les enfans qui n'avaient pas assez de fortune pour jouir des avantages de l'éducation.

Si les parens étaient honnêtes, et que rien ne s'opposât à leur demande, ils étaient toujours sûrs d'obtenir de lui un accueil favorable. Heureux de pouvoir faire du bien, il s'empressait d'accorder l'admission qu'on lui demandait ; mais lorsque, calculant les ressources de la maison, il se trouvait dans la nécessité de refuser, ce refus le rendait plus malheureux que celui auquel il avait été contraint de le faire.

Certes, ce n'était point le désir de faire des prosélytes qui soutenait le zèle de cet homme respectable; il n'y avait chez lui qu'une pensée, celle d'être utile à l'humanité. Attaché à la religion par une conviction profonde, il voyait sans doute avec plaisir des jeunes gens instruits se dévouer comme lui au culte des autels; mais tolérant, autant que pieux, il ne chercha jamais à influencer la vocation de ses élèves. Il était trop délicat pour vouloir se faire un titre de la reconnaissance qu'ils lui devaient, et trop sage pour ne pas savoir qu'on peut être également vertueux dans le monde.

Lorsqu'ils avaient terminé leurs études, ils quittaient le séminaire pour suivre la carrière qu'ils voulaient embrasser; et beaucoup d'entr'eux ont pu, dans la suite, acquérir la conviction que cet homme bienveillant n'oubliait jamais ceux qu'il avait dotés de ses utiles leçons, et qu'après l'avoir long-temps perdu de vue, même volontairement, on retrouvait encore au besoin son obligeance extrême et sa bonté toute paternelle.

Ses élèves étaient pour lui comme ses enfans. Il leur portait à tous un égal attachement, et s'occupait de leurs besoins en véritable père.

Comme le local qui leur avait été destiné dans le principe n'était plus assez vaste pour les contenir tous, sans que leur santé dût en souffrir, il acheta une maison plus spacieuse, plus aérée, et qui pût les loger au moins commodément. Il fit également plus tard l'acquisition d'une maison de campagne pour qu'ils pussent, aux jours de sortie, aller respirer un air pur et salutaire. Rien de ce qui pouvait contribuer à leur bien-être ne lui était indifférent; et il ne négligeait aucun soin lorsqu'il voyait la possibilité d'améliorer leur position.

Dans les détails de l'intérieur, c'était encore la même bonté attentive, et l'on reconnaissait toujours dans le supérieur un ami bienveillant.

Se regardant plutôt comme le chef de cette nombreuse famille que comme un administrateur, il faisait une bourse commune des dons qu'il recevait de la bienfaisance publique, et des sommes qu'il prenait sur sa fortune personnelle; et ce fonds était consacré aux dépenses que nécessitait l'entretien de cet établissement; dépenses tellement fortes qu'elles atteignaient presque toujours le chiffre de quatre-vingt mille francs.

Sans cesse occupé du désir de rendre l'existence de ses enfans plus heureuse, il lui arrivait quelquefois de n'avoir pas assez calculé à l'avance les ressources de la maison ; mais alors ses propres deniers venaient rétablir l'équilibre que son bon cœur avait dérangé. Des immeubles qu'il possédait à Paris furent vendus par lui pour subvenir aux besoins du séminaire; et lorqu'à l'âge de quatre-vingts ans, et, après vingt années d'administration, il remit entre les mains de son digne successeur M. Roma, la surveillance de cette maison, sa fortune était diminuée des deux tiers; mais en revanche sa considération personnelle était plus que doublée.

Quoiqu'il eut consacré à son séminaire de très-fortes sommes, il trouva encore dans ce qui lui restait assez de ressources pour entreprendre d'autres fondations non moins utiles. Il acheta, moyennant douze mille francs, une maison à Villevaudé, et y établit une école de charité pour l'instruction des jeunes filles pauvres. Huit cents francs de rentes perpétuelles furent en outre affectées par lui à l'entretien de l'établissement.

En 1828, il donna cinquante-cinq mille francs pour faire bâtir la maison et la chapelle des Carmélites de Blois.

Malgré tant de sacrifices, les malheureux ne perdirent

aucun des droits qu'ils avaient à sa bienfaisance. On peut dire que cette vertu était chez lui de tous les instans, car jamais personne ne la trouva en défaut. Le mot de besoin faisait tellement souffrir son cœur sensible et généreux qu'il ne pouvait l'entendre prononcer sans ouvrir aussitôt sa bourse à l'infortuné qui s'adressait à lui. Combien d'indigens ont eu part à ses abondantes aumônes! Combien de pères de familles, en proie au désespoir, ou à la crainte du déshonneur, ont vu leurs larmes séchées par lui, et la douleur, dont ils étaient pénétrés, s'évanouir pour faire place à une douce satisfaction, au moment où ils quittaient cette maison vénérée, qu'ils venaient d'aborder avec confiance, mais non pas sans timidité! Combien d'établissemens lui ont dû, dans des circonstances difficiles, un appui salutaire! S'il était permis de soulever le voile mystérieux que sa modestie se plaisait à jeter sur ses bonnes œuvres, on serait surpris qu'un simple particulier ait pu faire autant de bien!

Héritier d'un frère qu'il avait à Paris, il vit, il y a quelques années, sa fortune, que tant de largesses avaient à-peu-près épuisée, s'accroître tout-à-coup d'une manière considérable; mais ce surcroît de fortune ne changea rien à son existence modeste. Les pauvres seuls en devinrent plus riches.

On aurait tort de croire que cet homme, si bon et si facile, fût un homme faible et sans caractère. Il ne savait pas refuser lorsqu'on invoquait sa charité; mais lorsqu'on lui demandait quelque chose de contraire à ses principes, il opposait une résistance que rien ne pouvait ébranler.

L'évêché d'Orléans ayant été long-temps vacant, ce fut lui qui fut chargé d'administrer le diocèse. La capacité dont il avait fait preuve, et la facilité qu'on lui connaissait à écrire, l'avaient fait choisir comme le plus digne représentant du clergé. Dans ce poste éminent, et au milieu des circonstances difficiles où se il trouvait placé, sa conduite fut toujours ferme et courageuse.

Une fois, on voulut exiger de lui un serment qui répugnait à sa conscience. Il refusa. Le chef du gouvernement de cette époque avait une volonté de fer : il n'aimait point qu'on résistât à ses ordres ; et il était habitué à voir tout plier devant lui.

« Plutôt que de prononcer ce serment, répondit avec éner- » gie M. Mérault, j'irai, s'il le faut, à la tête de mon clergé, » en prison. » Et il l'eût fait, si le ministre d'alors, avec lequel il avait été à l'Oratoire, n'eût cru devoir, par égard pour son caractère dont il admirait la profonde sagesse, et en souvenir de leur ancienne liaison, s'écarter des rigueurs de sa place, et renoncer à un serment qu'il savait ne pouvoir obtenir.

Au milieu d'une vie si occupée, M. Mérault a encore su trouver le temps de cultiver les lettres, et il l'a fait avec succès. C'était moins le désir d'attacher à son nom une réputation brillante, que la pensée de se rendre utile à la religion, qui l'avait entraîné dans la carrière littéraire. Il avait mis d'autant plus de zèle à se constituer son défenseur, qu'il souffrait intérieurement de voir si peu d'ecclésiastiques prendre la plume pour accomplir cette noble tâche.

Il existe, de lui, un assez grand nombre d'ouvrages, remarquables par un style clair, facile, élégant, par des raisonnemens sages, pleins de justesse, et qui annoncent une profonde conviction, et par une piété douce et tolérante ; « Le » style est l'homme, » a dit un auteur. Celui de M. Mérault justifie cette pensée : il révèle un homme de bien.

Regardant comme une des causes qui s'opposaient à ce que l'enseignement religieux produisît d'heureux fruits la sévérité qu'apportent tous ceux qui enseignent, soit dans leurs ouvrages, soit dans leurs leçons, il conçut la pensée de remédier à ce mal et de mettre cet enseignement à la portée des gens du monde. Disciple de saint François de Sales, dont il aimait tant à lire les touchans préceptes, il voulait qu'on cherchât, avant tout, à rendre la religion aimable, en la présentant non pas comme un *devoir*, mais comme un *bonheur*. Et il fit paraître son ouvrage intitulé l'*Enseignement de la Religion*, ouvrage abondant en faits, fort de preuves, plein d'une onction douce et entraînante, et qui compte plusieurs éditions.

Il donna ensuite au public une nouvelle édition des *Instructions pour la première Communion*, et il y ajouta, comme supplément, un ouvrage adressé aux mères, ayant pour titre : *Les Mères chrétiennes*, ouvrage empreint de sa touchante sensibilité, et dans lequel il voulait leur prouver combien leur zèle était nécessaire au succès de l'éducation.

Les *Preuves abrégées de la Religion offertes à la Jeunesse avant son entrée dans le Monde*, les *Instructions pour les Fêtes de l'Année*, un *Recueil de Mandemens sur l'Instruction des Peuples*, le *Cours d'Histoire et de Morale*, qui parurent à divers intervalles, attestèrent la fécondité de sa plume, ses vastes connaissances et la noble persévérance de ses efforts.

Mais c'est surtout contre les philosophes du 18ᵉ siècle qu'il a dirigé ses attaques. Sous le titre piquant des *Apologistes involontaires*, il a eu l'heureuse idée de les réfuter par leurs propres paroles. On retrouve dans cet ouvrage, fort ingénieux, où il les met en présence d'eux-mêmes, cette bonne foi qui le caractérise, cette raison éclairée qui donne tant de prix à tout ce qu'il a fait, et sa haute sagesse. Le savoir que l'auteur y déploie, sans affectation d'érudition, ajoute à la force de ses argumens, et donne au style un charme de plus. Cet ouvrage dont le mérite a été généralement apprécié, a eu plusieurs éditions.

Celui qui a pour titre : *Voltaire réfuté par lui-même*, est conçu sur le même plan. Il a également obtenu un assez grand succès.

Les *Apologistes involontaires* furent suivis d'un autre ouvrage, sous le titre seul des *Apologistes*, ou *La Religion chrétienne prouvée par ses Ennemis comme par ses Amis*. Ce livre qui en est le complément, contient des additions très-importantes qui en font un nouvel ouvrage.

Il a publié également quelques brochures qui ne sont pas sans mérite, quoiqu'elles n'aient pas eu la vogue de ses autres ouvrages. Ce sont : *Les Conjurations de l'Impiété contre l'Humanité*, un *Rapport sur l'Histoire des Hébreux de M. Rabelleau*, et son *Appel aux Français*.

Malgré son grand âge, M. MÉRAULT s'occupait encore à écrire, et la mort est venue l'arrêter au milieu de ses glorieux travaux. Quelques jours auparavant, il avait dicté, à la personne qui lui servait de secrétaire, plusieurs pages d'un nouvel ouvrage sur la religion, qu'il destinait à la publicité, et qui devait être bientôt soumis à l'impression, et quoique ses forces ne fussent plus les mêmes, son amour pour l'étude l'empêchait de s'apercevoir que ce travail devait nuire à sa santé chancelante. « Ce n'est pas une fatigue pour moi, répon-
» dait-il, lorsqu'on l'engageait à prendre du repos, le travail
» m'est nécessaire, il me délasse. »

Ce qui est certain, c'est qu'à 90 ans il avait encore cette même facilité qu'on avait remarquée en lui dans son âge mûr; c'est qu'il jouissait de toute la plénitude de sa raison, de toute la force de ses souvenirs, de toute la flexibilité de son talent; c'est qu'il conservait la gaîté de son caractère, l'enjouement de son esprit, et que ses idées, toujours présentes, toujours gracieuses, avaient la fraîcheur et la vivacité de la jeunesse; c'est qu'on trouvait, comme autrefois, dans ses aimables entretiens, l'à-propos et l'obligeance de l'homme du monde, et les connaissances aussi variées qu'étendues, aussi instructives que profondes, de l'écrivain.

M. Mérault est mort le 13 juin 1835, dans sa quatre-vingt-dixième année. Sa fin a été celle du juste : calme et résignée ; et son âme pieuse occupe sans doute aujourd'hui, au séjour des bienheureux, la place que lui avaient méritée ses vertus. Sa carrière fut longue et bien remplie ; mais elle fut encore trop courte pour le bonheur de l'humanité. La vie d'un homme de bien ne devrait jamais finir !

Tous ceux qui l'ont connu déploreront long-temps sa perte, et le pays qui lui doit tant de reconnaissance s'empressera, sans doute, d'honorer sa mémoire.

Déjà d'éclatans hommages ont été rendus à ses dépouilles mortelles. C'est au milieu d'un concours immense de citoyens de toutes les conditions, que le respect avait attirés sur son passage, que son corps a été conduit à sa dernière demeure, et du sein de cette foule attristée s'échappaient des sanglots ; et l'éloge du vertueux prêtre sortait de toutes les bouches. Un cortège nombreux composé de tous les ecclésiastiques de la ville, de magistrats, de fonctionnaires, et dans lequel figuraient ces jeunes élèves, objet de sa constante sollicitude, suivait avec tristesse ces restes glacés qu'animait naguères une âme si belle, si fervente et si pure.

D'universels regrets ont salué d'un dernier adieu sa tombe, et les bénédictions du pauvre, digne récompense du juste, se sont élevées vers lui comme l'encens vers la divinité.